Ilse Helbich

Gedankenspiele über die

Gelassenheit

Literaturverlag Droschl

Mir fällt eine Anekdote über Kardinal Henry Newman ein, der um etwa 1840 einer der Mitbegründer der Oxford-Bewegung war, von der wir heute höchstens noch den Namen kennen.

Newman, der vom anglikanischen Priester zu einem römisch-katholischen Kardinal geworden war, pflegte sich an den freien Sonntagnachmittagen zusammen mit drei anderen geistlichen Freunden beim Kartenspiel zu erholen.

Bei einer dieser Gelegenheiten brachte einer der Männer die Frage auf, was ein jeder von ihnen nun tun würde, wenn er die Botschaft bekäme, dass er nur noch 24 Stunden zu leben habe.

Der eine rief, er würde sofort, jetzt gleich, hingehen und versuchen, sich endlich, auch auf eigene Kosten mit seinem Bruder auszusöhnen, mit dem er seit Jahrzehnten verfeindet war. Der andere murmelte etwas von einem Versprechen, das er vor langem gegeben und bald darauf allzu gern vergessen habe, aber jetzt, jetzt würde er es sofort einlösen.

Als nun die anderen in Henry Newman drangen, der schweigend dagesessen war und den aufgeregten Freunden zugehört hatte, sagte der nur, er würde am liebsten ihr Kartenspiel fortsetzen.

Dieser Henry Newman muss ein sehr gelassener Mensch gewesen sein.

Dazu eine Gegengeschichte:

Als ich etwa vier Jahre alt war, erkrankte ich an einer schweren Lungenentzündung. Das war vor vielen, vielen Jahren, Antibiotika waren damals noch nicht bekannt und die Heilungsversuche beschränkten sich auf einige sehr volkstümliche Maßnahmen. Unserem Hausarzt fiel nichts mehr ein, und so hatte er einen Spezialisten zugezogen.

Der stand jetzt in seinem schweren, schwarzen Wintermantel an meinem Krankenbett. Der Mann hatte mich nicht untersucht, mit keiner Fingerspitze berührt und über mich hinweg unterhielt er sich ein wenig gelangweilt mit unserem Hausarzt und meinen Eltern.

Dies spielte sich wie in einer anderen Welt ab; ich lag tief drunten in meiner eigenen, und wusste noch klarer als sonst auch, dass ich mich auf die Welt der Erwachsenen ja nicht verlassen durfte. Vater und Mutter und alle anderen Großen waren gefangen in ihren eigenen Meinungen und ihren eigenen Schwierigkeiten, und ein Kind bedeutete für sie höchstens eine Last, und vielleicht auch eine Bedrohung.

Nebenan im Badezimmer wurden Vorkehrungen getroffen; das Dienstmädchen (so sagte man damals) war herbeigerufen worden, füllte jetzt die Badewanne mit fast kochend heißem Wasser, und der daneben gestellte Waschtrog wurde aus der Leitung mit um diese Novemberzeit eiskaltem Wasser gefüllt. Das Nachthemd wurde mir ausgezogen und das Dienstmädchen trug mich ins Bad und setzte mich unter den Augen der beiden Ärzte und meiner Eltern abwechselnd in die jeweiligen Behälter. »So schrei endlich!« rief mein Vater.

Ich konnte nur ahnen, was diese Anderen von mir wollten: Schreien sollte ich, schreien, dann würde meine verklebte Lunge sich lösen und damit wäre der Weg zur Heilung gebahnt. Aber ich durfte nicht schreien und biss meine Zähne zusammen – niemals würde ich mich diesen Anderen ergeben, diesen so anderen Fremden.

Ergebnislos wurde dieser Versuch schließlich beendet – und dennoch wurde ich allmählich wieder gesund.

Ein anderes Mal – ich war damals etwa dreizehn Jahre alt und es war der erste schöne Frühlingstag nach einem langen Winter. Ich stand vor unserem »Turngerät«, wie man es damals nannte, einem aus Balken bestehenden Holzgerüst, an dessen Querverbindung man etwa eine Schaukel einhängen konnte, oder auch ein schaukelndes Paar Ringe, an denen wir Kinder Purzelbäume schlugen oder uns hochzustemmen versuchten, um unsere Armmuskeln zu stärken. An der einen Seite dieses Gerüstes war eine lange Kletterstange montiert, deren Rundung mit Lack überzogen war, sodass sie eine glatte Oberfläche bot.

An dieser Kletterstange begann ich mich langsam hoch zu ziehen – über den Winter hatte ich diese Technik also nicht verlernt; hoch oben rastete ich ein wenig, indem ich meine Wadenmuskeln fester anspannte, und schaute hinüber in das offenstehende Küchenfenster, hinter dem das Mädchen gerade das Mittagessen vorbereitete. Dann ließ ich mich die

Stange wieder hinabgleiten, bis da plötzlich ein Ruck war. Irgendetwas schmerzte in der Bauchgegend, und ich hing unbeweglich und begriff endlich, dass mir ein weggebrochener Holzspan, der sich wahrscheinlich in Winternässe und Eis gelöst hatte, die Bauchdecke durchstoßen hatte ... Ich war buchstäblich aufgespießt worden. Durchs offene Küchenfenster sah ich das Mädchen arbeiten und wusste die Mutter an einem Nebentisch im Hintergrund, wo sie jetzt wohl geruhsam die Zutaten zu einem Bischofsbrot schnitt, das sie uns in der Früh als Nachspeise versprochen hatte. Ich wollte schon die beiden um Hilfe rufen, verbot es mir aber gleich wieder, denn das hier war meine Angelegenheit, und wie sollten sie mir auch helfen – die Erwachsenen vermochten es ja nie, uns Kindern wirklich zu Hilfe zu kommen.

Ich machte eine Hand los, indem ich mich mit der anderen und meinen Waden noch fester an die Stange klammerte, und versuchte mit der jetzt freien Hand durch Zerren und Drehen den langen dicken Holzsplitter in meinem Bauch abzubrechen, um mich auf diese Weise zu befreien. Das gelang endlich und ich konnte die Stange langsam wieder hinunter kriechen; hinab zu gleiten getraute ich mich nicht mehr.

Langsam ging ich hinüber ins Vorhaus, hob die Bluse auf, mein Hemd hatte einen kleinen Blutfleck. Ich schob es hoch, und da war eine Wunde, aus der noch einige Holzsplitter ragten, und unter meiner Bauchdecke konnte ich einen langen, flachliegenden Holzspan spüren.

Ich stieg langsam die Treppe hinauf und wartete im Wohnzimmer brav auf das Mittagessen. Dabei war es sehr merkwürdig, auch bei der leisesten Körperbewegung das fremde Ding in meinem Bauch zu spüren.

Die Tage vergingen, die kleine Wunde an meinem Bauch hatte sich geschlossen, aber noch immer konnte ich den Fremdkörper fühlen, wenn ich dort über die Haut strich, was selten geschah; bis dann auf einmal dort nichts Fremdes mehr war.

Wenn ich am Abend im Bett lag, fiel mir manchmal der Eindringling in meinem dunklen Innenleib ein, wie er sich vielleicht in einer Körpernische eingerichtet hatte oder jetzt langsam zwischen meinen Gedärmen hinzog. Manchmal stellte ich mir auch vor, wie nach vielen, vielen Jahren, wenn ich, kaum auszudenken, auch eine Erwachsene sein würde, bei irgendeiner Untersuchung ein Röntgenologe seine Aufnahmen betrachten würde und dann in den Bildern meines Inneren einen schwarzen Schatten entdeckte, den er sich nicht erklären konnte. Und manchmal sah ich auch, wie dieser alte Splitter in die Nähe meines Herzens gewandert war … und dann?? Hier versuchte ich schnell an etwas anderes zu denken.

Immer wusste ich auch: Wenn ich meinen Eltern von meinem Unfall erzählt hätte, wären sie entsetzt gewesen und hätten mich gleich zu ihrem Freund, dem Chirurgen, geschleppt. Die weitere Prozedur wollte ich mir gar nicht weiter vorstellen und ich wusste, das bedrohliche Ding in meinem Inneren gehörte zu mir, es war mein Eigenes, so wie mein Schatten.

Was an dieser meiner Haltung fast wie eine Art Gelassenheit anmuten mag, ist von einer solchen jedoch meilenweit entfernt. Es ist dies eine Lebensanschauung, die nicht nur mir zu eigen war (mir freilich schon in sehr frühen Jahren), sondern die ich, wie ich glaube, mit manchen Kindern und sehr vielen Jugendlichen teile: eine Art von trotzigem Zynismus, geboren aus der Überzeugung, dass das Leben eines jeden als Tragödie zu sehen ist, die nur ein schreckliches Ende finden kann, sodass dem jungen Menschen nichts anderes übrigbleibt, als mit Todesverachtung dieses sein Leben stolz und möglichst unbeirrbar durchzustehen. Er fühlt sich dann als ein einsamer Krieger, dessen Lebensende schon in Sicht ist. Weit weg, ja feindlich ist dann die Welt der Erwachsenen, vor allem der Eltern, die einem nicht helfen können und auch, so scheint es dem Jugendlichen, im Grunde gar nicht zu helfen bereit sind.

Als ich eine junge Frau war, war unsere Familie befreundet mit der eines Verwandten, der Oberförster in einem herrschaftlichen großen Jagdrevier war. Die Wälder waren voll von Hirschen und weiter oben in den alpinen Regionen tummelten sich ganze Gämsenrudel. Der Oberförster hatte eine junge Frau, und ich sah, wie er sie liebte, und er liebte sie nicht nur um ihrer natürlichen Schönheit willen, sondern er liebte auch die souveräne Heiterkeit, mit der sie seine prominenten Jagdgäste unterhielt und bewirtete. In dieses gastliche Haus kamen auch gern und immer wieder die Schulfreunde der drei eigenen Kinder, die am Mittagstisch oder beim Abendessen einen Platz für sie vorbereitet fanden und sich in die Geborgenheit dieses Zuhause aufgenommen fühlten. Wenn der Förster von seinen Gängen abends heimkam, war seine Frau mit ihrem Körper und ihrem ganzen Dasein nur für ihn da und hüllte ihn ein in ihr eigenes Gelassen-Sein.

Bleibe, wo sie sich in ihrem Fauteuil ausrasten und sich wieder ihrer traurigen Resignation überlassen konnten.

Es gab da den alten Mann, der gerade den Termin für seine sechste Knieoperation erhalten hatte. Ja – er würde auch die über sich ergehen lassen, obwohl er wusste, dass weder seine Schmerzen noch sein mühseliges Gehen davon besser würden; aber wenigstens standen ihm ein langes Krankenlager und ein ebenso langer Reha-Aufenthalt bevor, also eine Zeit, wo er alles den Anderen überlassen konnte. Und wenn er dann endlich wieder daheim wäre, würde eine lange Strecke seiner sehr begrenzten Lebenszeit vorbeigegangen und er der endgültigen Erlösung, seinem Tod, ein ganzes Stück näher gekommen sein.

Manchmal begegnen mir Männer, die das Prinzip ihrer Jugend noch immer verwirklichen wollen: Ein Indianer kennt keinen Schmerz.

Der Mann, etwa 55 und ein bekannter Wirtschaftsanwalt, der auch einige Ministerien berät, hat eine Einladung zu einem Staatsempfang bekommen, und darauf ist er stolz.

Während der Vorbereitungen zu diesem Abend wagt seine Frau ein wenig zu jammern. Wie schön es wäre, einen ruhigen Abend zuhause zu verbringen, ihretwegen auch vor dem Fernseher, bei der Übertragung eines Fußballspiels.

Der Mann wird erst laut und dann zornig: »Du verstehst das nicht! Ich habe meine Pflicht zu erfüllen, und nur darum geht es. Also lass deine Zimperlichkeiten und mach dich endlich fertig!«

Auf der Hinfahrt haben die beiden gerade den Schottenring überquert, plötzlich steigt der Mann heftig aufs Gas und der Wagen schießt vorwärts. Er beginnt in langen Kurven die ganze Breite der vor ihm liegenden Straße auszufahren; andere Autos, deren geraden Weg er abschneidet, bremsen kreischend, wütendes Hupen von allen Seiten. Der Mann lacht laut und beschleunigt noch stärker, er hämmert mit der Faust aufs Lenkrad und brüllt: »Ich hasse es! Ich hasse es! Ich hasse sie alle, alle!«

So rasch wie der Wutanfall auftaucht, ist er wieder vorbei, und langsam durchfahren sie jetzt in der Kolonne der anderen Autos die schmale Herrengasse, gehorsam wie alle anderen auch. Als sie angekommen sind, steigt der Mann lächelnd und nach beiden Seiten grüßend die breite, festlich beleuchtete Freitreppe hinauf, neben ihm seine Frau.

Es gab die Alte, die in ihrem Café an ihrem Stammtisch lauernd die anderen Tische beobachtete. Da saß gleich neben ihr eine jüngere, anscheinend traurige Frau; mit der wechselte sie einige belanglose Worte, bis endlich die Fremde sich zu ihr hinübersetzte. Dann brauchte es nur einige einfühlsame Fragen, bis es aus der anderen losbrach und sie, immer schneller redend, ihre ganze Geschichte erzählte. Eine glückliche Zeit, dann ein Schicksalsschlag, gleich darauf wieder ein Glücksfall und später Schlag auf Schlag – und jetzt vor dem Nichts. Die zuhörende alte Frau sog alle diese Worte ein, als beschrieben sie ihr eigenes Leben. Aber dann, als sie wieder daheim war und mit dem Glas Rotwein vor sich am Küchentisch saß, war alles Gehörte nichts mehr als ein dürres Rascheln im Hintergrund, und die Alte war wieder alleine mit ihrer eigenen Leere.

Das waren also jene Alten, die an ihre Lebensfeindlichkeit gefesselt blieben, diejenigen, die sich ihrem Schicksal ausgeliefert hatten.

Ich traf aber auch, und das in den verschiedensten Umgebungen, die souveränen, heiteren Greise, die Nachfahren jener weisen Alten aus den uns überkommenen Epen der antiken Völker, die Nachkommen jener Männer, die aus so vielen Romanen des 19. Jhds hervortreten. Sie spielen die Hauptrollen etwa in Adalbert Stifters »Mappe meines Urgroßvaters« und seinem »Nachsommer«. Sie haben selbstgewählte Aufgaben, die sie im Leben halten. Ein solcher Alter, der Stechlin, leiht Theodor Fontanes Roman seinen Titel, und letzte Spuren finden sich noch in Arno Geigers »Der alte König in seinem Exil«, wo der demente Alte wieder in seine Ruhe einkehrt, nachdem seine Kinder endlich bereit sind, seine Demenz anzunehmen.

Dazu findet sich in diesen Romanen eine Galerie alter Frauen, freilich Schattenbilder oder nur in Umrissen gezeichnet, die sich ihren bescheidenen Leben in Einverstandenheit hingeben.

Da ist der alte Mann, der vor langem pensionierte Tischlermeister: Jetzt sitzt er in seiner Kellerwerkstatt und schnitzt schon wieder an einer Puppe. Seine Puppen haben Rundköpfe oder Eierköpfe. An einem dünnen Hals sind sie starr mit dem hölzernen Rumpf verbunden. Das handlose Armpaar hängt ebenso wie das Beinpaar an einem dicken Fadenzug, sodass alle Gliedmaßen einzeln beweglich sind und zum Spielen einladen. Der Schnitzer hat das Gesicht der Puppe gerade nur angedeutet, und so ist es mir, wenn ich dieses hölzerne Wesen, das ich besitzen darf, mit einem Finger über den Kopf streiche, als gäbe jedesmal ein anderes Geschöpf meinen Blick zurück.

Die meisten seiner Puppen, die der alte Tischler gut südtirolerisch »Docken« nennt, verschenkt er an Kinder und Enkel seiner wenigen Freunde; die nehmen das unerwünschte Geschenk höflich dankend an. Und wenn diese Kinder dann wieder in ihren schön eingerichteten Kinderzimmern zuhause angekommen sind, werfen sie das unbrauchbare Holztrumm gleich in die Pappkiste fürs alte

Spielzeug; da liegt es dann zwischen bunten Kreiseln und kleinen Holzautos, denen dieses Kind schon lange entwachsen ist, und ist schon wieder vergessen.

Aber das geht den alten Mann nichts an, genau so wenig wie die Sympathie, die ich für mein Puppengeschöpf hege. Er sitzt in seiner Werkstatt und arbeitet an einer neuen Puppe, und manchmal legt er das Schnitzmesser weg und greift nach seiner kurzen Stummelpfeife, die er liebevoll seinen »Tschibuk« nennt. Er tut drei kräftige Züge, und schon entsteigt dem Tschibuk ein zartes Rauchwölkchen.

Es ist also, als gäbe es zwei Möglichkeiten, sein Alter zu bestehen.

Jedoch, die Gelassenheit ist nicht nur eine Tugend der Alten. Zurück in meiner Gegenwart treffe ich auf manche Vorformen der Altersgelassenheit.

Ich habe sieben Enkel, von denen mir die meisten nahe sind, wenn wir auch beidseitig den uns nötigen Abstand einzuhalten pflegen. Alle meine Enkel und auch ihre Freunde – sie sind etwa zwischen 30 und 38 Jahre alt – gehören also der sogenannten Generation Prekariat an und das bedeutet: nur kurzfristige Arbeitsverhältnisse, wechselnde Arbeitsgebiete, immer andere Arbeitgeber und so verschiedene Arbeitsorte wie Wien oder Berlin, Zürich oder Lausanne, oder gar Tunis. Im Kreis dieser jungen Menschen wird häufig eine Redewendung gebraucht und sie lautet: »Schauen wir mal.« Aus dem oberösterreichischen Mühlviertel wurde mir eine erweiterte Fassung dieser Floskel zugetragen. Dort sagen die Leute: »Schau ma amal, dann werma scho sehn.«

Mir scheint, aber da kann ich mich freilich auch irren, als bedeute das so oft verwendete »schauen wir einmal«, dass diese jungen Leute, denen jetzt, bedingt durch die Corona-Krise und die damit verbundenen Job-Verluste, das Wasser oft bis zum Hals steht, weil sie von einem Tag auf den anderen ohne Einkommen sind, dennoch einen souveränen Abstand zu all ihren Fährnissen einzunehmen vermögen.

Es ist, als könnten sie dennoch in ihrer Mitte bleiben und zusehen, wie jetzt eben das Leben mit ihnen spielt.

Neulich fiel mir ein, dass man in Kärnten immer wieder die Redewendung »lei lossen« hört. Meine Kärntner Gewährsfrau, deren Worte ich zwischen dem Geplapper ihrer Enkelkinder kaum verstand, versicherte mir, dass dieses »lei lossen« eine typische Kärntner Eigenschaft sei.

Was es denn meine, fragte ich dazwischen.

Nun, es bedeute, einfach den Dingen ihren Lauf zu lassen. Und gerade deswegen gäbe es in der Kärntner Provinz soviel uneheliche Kinder, denn das »lei lossen« würde gerade auf erotischem Gebiet gern angewandt.

Ich weiß nicht, wie ich in meinen jetzigen Zustand einer heiteren Gelassenheit hineingeglitten bin. Es ist jetzt manchmal, als durchlebe ich einen dieser heiteren zeitlosen Frühherbst-Tage mit ihren sanftblauen wolkenlosen Himmeln und ringsherum in allen Schattierungen das leuchtende Grün des Gartens. Septembertage, an denen es gleichgültig scheint, ob es nun 10 Uhr morgens oder 6 Uhr abends ist. Dann versinkt das erregte Vielerlei der Stunden in der grenzenlose Stille eines Ozeans. Tag um Tag, und noch ein Tag.

Wann habe ich solche zeitlosen Tage schon erlebt?

Vielleicht in den letzten Wochen einer Schwangerschaft, wenn alles reine Gegenwart ist und doch jede Stunde hingerichtet auf den Augenblick der Geburt, auf die Offenbarung eines neuen Lebens.

Heute jedoch erwartet mich nur noch mein Tod, mein eigener Tod, den ich zu gebären habe. Und dieses Wissen um den Tod steht vielleicht im Hintergrund jeder Gelassenheit.

Ich meine, dass die Gelassenheit eine Sekundär-Tugend ist; vielmehr ist da als Erstes das Bewusstsein um eine Geborgenheit, für die einer oft keine Begründung hat.

Ein neues Lebensgefühl hat sich ausgebreitet. Gelassene Geborgenheit – und daraus wächst die geborgene Gelassenheit, in der sich einer jetzt zuhause fühlt. Geborgene Gelassenheit, die einen alten Schmerz weder wegdrängt noch totschweigt, sondern ihn in ihren Frieden aufnimmt und ihm Heimat gibt.

Wenn dieses Lebensgefühl bewusst wird, kann das verschiedene Gründe haben. Es kann einerseits beruhen auf einem Einverständnis mit dem Weltlauf, mit den Gesetzen der großen Natur, mit ihrem Werden und Sein und nachher dem Vergehen – einem Tod, der wieder in ein neues Werden übergeht.

Es kann auch seine Wurzel haben in einem Gottvertrauen, das das Menschenschicksal als eine Fügung des göttlichen Willens anerkennt.

Dazu gibt es von Eduard Mörike ein schönes Lied:

»Herr, schicke was Du willt,
  Ein Liebes oder Leides;
  Ich bin vergnügt, daß Beides
  Aus deinen Händen quillt.«

Wie schön dieses »Ich bin vergnügt« doch ist! Wir Heutigen würden dieses »vergnügt« für uns etwa mit »Ich bin sehr froh, dass...« übersetzen. Und dies bezeichnet eben die subtile Heiterkeit, die einem gelassenen Menschen eigen ist.

In einer buddhistischen Hymne aus dem 13. Jhd. heißt es:

»Es gibt eine Wirklichkeit, die vor Himmel und Erde steht. Sie hat keine Form, geschweige denn einen Namen. [...] Sie Geist oder Buddha zu nennen (hier fügt die Autorin für sich ein: «oder sie Gott zu nennen»), entspricht nicht ihrer Natur, wie das Trugbild einer Blume wäre sie dann.«

Und vier Zeilen später heißt es: »Vollkommen ruhig erleuchtet sie in wunderbarer Weise.«

Man kann nicht von Gelassenheit sprechen, ohne an Meister Eckhart zu denken, der, und das war etwa um 1300, dieses schöne Wort (und das wissen alle Eckhart-Experten) gefunden und in seinen Predigten und Schriften immer wieder verwendet hat.

Es war die Absicht dieses Predigers, seine vielen Zuhörer auf einem Weg des Los-lassens, Sich-Lassens zu begleiten.

Zuerst war alles aufzugeben, was mit Rang und Stand, Ehre oder Besitz zusammenhing. Später sollte der Mensch versuchen, sich selbst mehr und mehr zu lassen: seine Wünsche und Hoffnungen aufzugeben, seine kreisenden Gedanken ins Leere fließen zu lassen und endlich auch nicht mehr nach seiner Person, nach Krankheit oder Gesundheit, ja nicht einmal mehr nach dem eigenen Tod zu fragen. Endlich, wenn dieser Mensch dann von allem entblößt an seinem Seelengrunde angelangt sei, so würde er dort finden, was Meister Eckhart das »Seelenfünklein« nannte, dieses dunkle Licht, dieses Göttliche, das im Innersten des Menschen wartet und das, wenn er ihm Raum lässt, das ganze Wesen dieses Menschen erfüllen werde.

Hunderte, vielleicht Tausende Zuhörer, die Meister Eckharts Predigten in immer anderen deutschen Städten lauschten, begriffen die Botschaft, die sie auf die Stimme von anderswoher wies, auf diese Kraft, die in jedem Einzelnen wirkte, wenn er sich ihr nur überließ.

Meister Eckhart ging jedoch noch einen Schritt weiter. Der Seelengrund war für ihn nichts Festes mehr, sondern ein bodenloser Abgrund. Wer, wie wohl Meister Eckhart selbst, den letzten Schritt wagte und sich dem großen Wortlosen, Formlosen, der maßlosen Stille auslieferte, würde mit seiner Person in diesem Abgrund versinken und dort schon zu Lebzeiten auf immer geborgen sein.

Es ist nicht überliefert, wie viele bereit waren, dem Meister auch dorthin noch zu folgen. Ich weiß nicht, wie viele von uns Heutigen je von der Lehre des Meisters Eckhart gehört haben, und ganz wenige von uns werden seine überlieferten Predigten studiert haben; aber es ist ja so mit allem einmal Erkannten, Erlebten und dann Ausgesprochenen, dass es unsichtbar in der Welt weiterwirkt und immer wieder und in immer neuen Bereichen Wurzeln schlägt. Und so könnte es wohl sein, dass auch heute in allen den verschiedenen Annäherungsversuchen an eine Verfassung des Gelassen-Seins noch immer etwas von den Erkenntnissen Meister Eckharts mittönt.

Und ich selbst weiß noch immer nicht, ob ich eine gelassene alte Frau geworden bin.

Manchmal ist es nämlich, als zöge an einem meiner so heiteren Tage plötzlich ein Unwetter auf – und schon bin ich gefangen in einer übermächtigen Zornflut, aus der es kein Entkommen gibt.

Der Zorn, ja, etwas wie Hass richtet sich gegen einen meiner Nächsten, und jetzt bin ich fest davon überzeugt, dass der mir Böses will. Es fallen mir Dutzende Beweise ein, die dafür sprechen.

Ich versuche mich zu befreien, heraus zu gelangen aus diesem Strudel von Wut, Angst und Abwehrversuchen, ich versuche an das zu denken, mich an das zu klammern, was hell war und schön in dem alten Zustand meines Gelassen-Seins. Jedoch, das Aggressive ist stärker und droht mich zu verschlingen.

Und dann mit einem Male ist die schwarze Wolke fort, ist abgezogen wie ein Gewitter, und ich bin wieder angekommen in einem heiteren Tag, in meiner Gelassenheit, und ich erinnere mich an viele kleine Vorfälle, die für den sprechen, den ich gerade noch als meinen Todfeind betrachtete.

Das Rezept, das ich von einem alten Freund bekam, ist mir inzwischen in Fleisch und Blut übergegangen: Wenn die Fluten einer Verwirrung, etwa von Zorn gegen andere, über mir zusammenschlagen, heißt es, sich mit äußerster Konzentration auf einen anderen Standpunkt zu stellen und von dort her sich zu sagen, »Ich bin verwirrt. Ich bin sehr zornig«, um so an einen Punkt zu gelangen, von wo aus man die eigene Verwirrung betrachten kann.

Manchmal meine ich auch, meine Gelassenheit sei nur eine Montur (oder eine Rüstung), die ich mir übergestreift habe, damit sie mir Halt und Schutz gewährt. Was darunter ist, ist noch immer das angstvoll Suchende, Ungewisse, von dessen Existenz ich weiß, das ich jedoch nicht zu Wort kommen lassen will.

So? – oder so. Ich bin eben eine »Aber«-Frau.

Und dennoch. Ich werde zuhause bleiben in meiner Gelassenheit, zuhause in diesem Lebensvertrauen, dem ich mich anvertraue.

Bisher in den *Gedankenspielen* erschienen:

Ilija Trojanow
Gedankenspiele über die Neugier
ISBN 9783990590614
56 Seiten, 10 Euro

Eva Menasse
Gedankenspiele über den Kompromiss
ISBN 9783990590669
48 Seiten, 10 Euro

Paul Jandl
Gedankenspiele über das Glück
ISBN 9783990590607
48 Seiten, 10 Euro

Lotte Tobisch
Gedankenspiele über den Mut
ISBN 9783990590676
48 Seiten, 10 Euro

»Eine Reihe für alle Sinne.«
(Sabine Nikolay, ORF)

Ilse Helbich, geboren 1923 in Wien, lebt seit den 80er Jahren im Kamptal und in Wien. Sie studierte Germanistik, arbeitete danach publizistisch und schrieb mit 80 Jahren ihren ersten Roman, *Schwalbenschrift*. Diesem späten Debüt folgten die Erzählbände *Iststand* (2007), *Das Haus* (2009), *Fremde* (2010), die Erinnerungsbilder *Vineta* (2013), die Aufzeichnungsbücher *Grenzland Zwischenland* (2012) und *Schmelzungen* (2015) sowie der Gedichtband *Im Gehen* (2017) und *Diesseits*, ein Band mit gesammelten Erzählungen (2020). 2018 wurde ihr der Würdigungspreis für Literatur des Landes Niederösterreich verliehen.

© Literaturverlag Droschl Graz – Wien 2021
2. Auflage 2021

Umschlag: & Co www.und-co.at
Satz: AD
Druck: Styria Print

ISBN 978-3-99059-076-8

Literaturverlag Droschl Stenggstraße 33 A-8043 Graz
www.droschl.com